ASSOCIATION GREGORY LEMARCHAL

Leslie LEMARCHAL

Mon frère, l'Artiste
Grégory Lemarchal

Michel LAFON

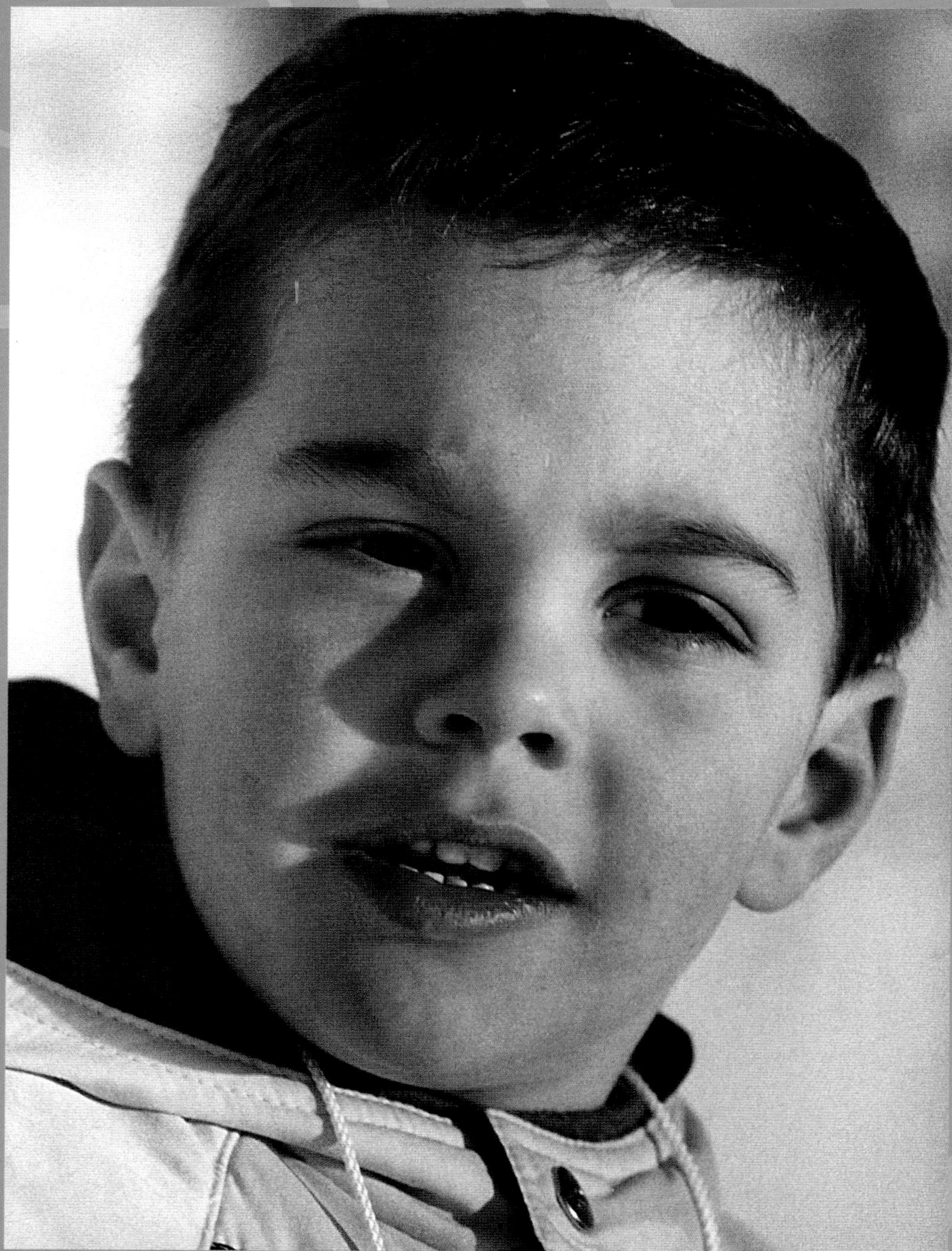

Mon frère,

L'infinie tristesse, le manque et puis, à côté de ça, l'envie de se battre, de vivre... Même si cette volonté parfois s'essouffle, je finis toujours par reprendre le dessus. Comment ? En pensant à toi, à ta force, à ta vie, tout simplement.

Au-delà de ta passion pour la chanson, c'est la vie elle-même qui te passionnait. Tu savais que la maladie limitait ton destin, mais cette conscience de la fatalité, loin de t'empêcher de rêver, a tout de suite fait naître en toi cette envie folle de vivre à fond, de profiter de tous les instants de bonheur. Tu réalisais à quel point c'était précieux, et tu ne voulais pas perdre de temps à des choses futiles.

C'est pour cela que tu as toujours repoussé tes limites pour te donner les moyens de faire de ton rêve une réalité... Pour faire de ta vie un rêve, ton rêve...

Face à tant de détermination et d'amour, nous ne pouvons donc pas, nous qui t'aimons profondément, nous laisser aller. On se doit d'être fort, parce que toi, tu l'as été. Jusqu'à la DERNIÈRE seconde, tu t'es battu avec cette force indescriptible... Je n'oublierai alors jamais ton regard empli de peur, mais dans lequel brillaient encore la rage et la volonté de vaincre... « Je t'aurai, putain de maladie ! », disais-tu en serrant les poings.

Toujours y croire et toujours se battre, c'est ce que tu as fait tout au long de ta vie sans jamais lâcher prise... Pour toi et pour tous ceux qui restent, et qui chaque jour luttent en espérant trouver un jour la voie de la guérison, nous allons poursuivre le combat. Nous allons donner un sens à ces mots que tu as prononcés... On l'aura, cette « putain » de maladie, et ce sera en grande partie grâce à toi, oui, grâce à toi ! Tu as tellement fait bouger les choses, fait prendre conscience aux gens de la gravité de la maladie et de l'importance du don de soi... Je suis convaincue que c'était là ta mission sur cette terre... Car on a tous quelque chose à accomplir. Toi, ce que tu as accompli est grand, frérot. Sois-en fier.

Même si l'existence nous semble dure et injuste, je suis sûre qu'elle a un sens... Ta vie en est l'exemple. Ta voix cristalline, ton regard, cette lumière qui émane de toi. Il n'y a pas de hasard. Ton âme d'artiste t'a permis de vivre un rêve, mais elle t'a surtout permis d'être porteur d'un message d'espoir. Toi l'artiste, avec ta générosité, ta sensibilité, tu as montré que la volonté est plus forte que tout.

Ici-bas, sache que ton exemple de vie nous guidera toujours... Tu es notre force, notre lumière à jamais.

Je t'aime à l'infini.

Ta petite sœur, Leslie

Voici les toutes premières années de ta vie… déjà rieur, déjà fonceur !

Noël 1984, le père Noël t'a bien gâté.
Tu es le plus heureux du monde sur ton camion de pompier !

Tu as cinq mois, papa t'initie déjà à la musique.

L'été de tes deux ans, tu es un amour de petit garçon !

Tu as toujours été
aux petits soins
pour moi !

Tu donnes un petit
coup de pouce
à maman pour souffler
ses bougies !

Sur cette photo nous
fêtons mon premier
anniversaire.
Tu as alors 6 ans.

Hé oui, je ne te lâchais
jamais !

Tu te passeras vite
des petites roues...
Tu es agile et sportif !

Un bisou esquimau
qui traduit tout
l'Amour que l'on a l'un
pour l'autre frérot !

Douze ans, drôle
et coquin, comme
à ton habitude !

Pendant 9 ans tu as
pu voir ce magnifique
paysage de la fenêtre
de ta chambre.

Tu adores la danse
et la musique.
Sur ces photos, tu
rayonnes de bonheur.

En 1994 tu fais
tes premiers pas
dans la danse.

En 1995, tu remportes
la première place
au championnat
régional du mambo
rock.

Tu deviens champion
de France de rock sauté
en 1997 avec Pauline.

Petit souvenir
de nos nombreuses
balades en montagne,
dans les Alpes.

C'est la seule photo
où tu ne souris pas...
Mais c'est normal, tu
avais un trac fou car
c'est la toute première
fois que tu allais
chanter devant toute
la famille... et déjà je
t'admirais frérot !

Une journée en
famille dans un parc
d'attractions.

Là, c'était encore
le temps des bancs
d'école. Mais dès
tes 17 ans tu les as
quittés, car l'appel
de la chanson a été
le plus fort.

1995, tu souffles douze
bougies entouré
de la famille.
C'est maman qui prend
la photo.

Dix-sept ans… tu avais découvert depuis deux ans ta passion pour
le chant et tu commençais déjà à poser devant l'objectif !

Début 2004 :
petite séance photo
avec maman.

L'année de tes vingt
ans. Nous étions partis
en vacances à Biarritz.

Te voici ici à l'île de Ré
entouré de deux
de nos cousins, Jérémy
et Laurent, de Brice
et de ton meilleur ami
Fabien.

Un moment de
complicité parmi tant
d'autres avec maman.

Ici, toujours
à l'occasion
de l'anniversaire
de mariage de mamie
Simone et papy
Roland.

La même force vous
animait mamie et toi.
Il y a tant d'amour
entre vous...

C'était pendant la Star
Académy, tu avais pu
quitter le château pour
venir fêter les cinquante
ans de mariage de
mamie Simone et papy
Roland. Nous voilà donc
réunis sur cette photo,
avec également mamie
Jacqueline.

Papa photographié
par surprise avec
ses enfants !

Alors que j'ai les yeux rivés sur cette photo, mon regard se trouble. Ce n'est plus cette photo que je vois, mais une succession d'images des moments que l'on a partagés tous les deux. De nos pauses câlins à nos chamailleries, de nos rires à nos larmes… Tout est là dans mon cœur. Quelle chance j'ai eue de t'avoir comme frère… J'ai toujours réalisé cette chance qui m'était donnée de grandir à tes côtés.

Au-delà de tous ces instants de bonheur que j'ai vécus grâce à toi, tu m'as toujours protégée et tu m'as surtout appris la vie. Oui, à travers toi j'ai grandi. Chacune de tes expériences, chacune de tes douleurs, chacune de tes joies m'ont fait découvrir des facettes et des couleurs différentes de la vie.

Tu m'as tellement apporté, frérot… tu ne t'imagines même pas, j'en suis sûre. Comment te remercier ?… Je ne sais pas. Je peux juste t'offrir, comme je l'ai toujours fait, mon amour et la promesse de toujours me battre, de faire en sorte de réussir ma vie et d'en savourer tous les moments de bonheur.

À jamais tu guideras mes pas… Je t'aime à l'infini, frérot.

Si la vie de Grégory aura été trop courte pour toutes celles et ceux qu'il a aimés et tous ceux qui l'ont aimé, elle reste incontestablement un message d'espoir et d'amour. Je revois ce petit bonhomme au visage d'ange se concentrer quelques secondes avant de monter sur scène, mettre ses douleurs et ses blessures de côté en allant chercher au plus profond de ses entrailles l'énergie, la force, l'inspiration et la générosité dont font preuve les plus grands artistes. Je le revois chanter comme un funambule plein de grâce et de lumière sur le fil de ces notes uniques que lui seul savait s'approprier en direct. Naturellement et sans jamais tricher, comme un oiseau « qui n'a jamais eu les pieds sur terre », Grégory Lemarchal a déployé ses ailes avec dignité et passion. Sans jamais se plaindre, sourire en coin, regard malicieux, et humour pour dédramatiser chaque situation délicate. « Se battre, parce que chaque seconde de vie mérite d'être vécue jusqu'au bout », tel était son credo, se battre pour tous ceux qui sont restés et qui s'accrochent à la vie. Voilà quelques clichés volés au temps, des instants de vie d'un garçon comme tous les autres, mais tellement différent, des moments de bonheur et de joie que personne ne pourra nous arracher, parce qu'ils sont dans notre cœur, dans votre cœur. Infiniment...

Merci, Grégory. Pense à nous de temps en temps !

Nikos Aliagas

L'aventure Star Ac', une opportunité inespérée... Le 3 Septembre 2004, tu as pris ton envol pour aller décrocher ton étoile.

L'aventure Star Ac'

Ah ! ces premières photos... elles sont si symboliques ! Elles représentent un nouveau départ pour toi, la concrétisation de ton rêve. J'étais si fière et si heureuse... on y était arrivé, j'avais le sentiment que ton histoire commençait. Même si j'avais peur, au fond de moi je savais que cette fois ça allait marcher... Je te voyais gagnant, je voyais ton aventure artistique perdurer après l'aventure Star Ac'. Bien sûr, je gardais un peu de réserve, pensant que je n'étais pas objective, mais intérieurement j'y croyais, j'y croyais très fort... C'était ton destin.

Le regard porté vers l'avenir, tu es serein. Ton rêve est là, tu le touches du doigt, il va se réaliser... Tu le sens. Tu as l'air contemplatif, comme si ta vie future défilait devant tes yeux.

3 septembre 2004.

Premier *prime* de la Star Ac', c'est là que tout commence. Tu es entré sur scène avec ce tee-shirt rouge. On ne voyait que toi... Je ne voyais que toi.

Quelle émotion, et quel stress aussi, en te voyant lancer tes premières notes sur *Tous Les Cris, Les SOS !* La chanson se termine... Tu as été magique, je t'admire frérot... mes yeux brillent d'émotion et de fierté. C'est tellement fort... On avait tant espéré ce moment.

22 décembre 2004.
Instant hors du temps, magique. Tu as décroché ton étoile. Après quatre mois de cette aventure extraordinaire où tu as tout donné pour ne rien regretter, où tu as savouré chaque seconde, à l'annonce de ta victoire tu laisses échapper ton cri libérateur.
Tes larmes et ton « MERCI, LA VIE! » sont également lourds de sens et gravés dans nos mémoires. Tu remercies la vie de t'avoir permis de réaliser ton rêve. La roue a enfin tourné... Comme quoi il ne faut jamais baisser les bras, toujours y croire, toujours se battre. C'est le message que tu voulais faire passer.

La victoire

Quoi qu'il arrive, toujours soudés tous les quatre, dans les bons moments comme dans les épreuves… Nous avons tout partagé, des larmes de joie aux larmes de tristesse et de peur… Chaque seconde tu es présent, et à jamais nous formerons le « carré d'as » !

Toujours présents mais jamais pesants, papa et maman t'ont laissé libre de déployer tes ailes pour atteindre ton rêve. Malgré leurs inquiétudes, loin de t'imposer des barrières, ils ne t'ont mis aucun frein pour que tu suives ton destin, leur seul souhait était de voir leur fils heureux… Des parents comme tout le monde en rêve… Papa, Maman, merci pour tout… et, on ne le dit jamais assez, on vous aime…

Notre famille, notre richesse, notre « carré d'as » réuni ici pour partager ton bonheur, notre bonheur. Des sourires, de la joie et surtout de l'amour… Oui, cet amour qui faisait et fait toujours notre force.

Star
Academy
2004

Les parfums de

Ton premier voyage. Destination l'île de la Réunion pour la tournée Star Ac'.
Tu en as également profité pour goûter aux saveurs de l'île comme à celle des fruits de la passion, que tu adorais !

l'océan Indien

Les fans... ah, les fans ! Leur présence te touchait tellement ! Sans eux, rien n'aurait été pareil. Ils t'ont permis de poursuivre ton rêve. Pour toi, c'était un plaisir d'aller à leur rencontre dès que tu le pouvais, te laisser prendre en photo à leur côté ou signer des autographes, comme ici à l'île de la Réunion.

6€ p

Après l'aventure Star Ac', ta carrière en solo commence vraiment. Tu te lances dans la préparation de ton premier album. Envie débordante, excitation et stress se mêlent... tu deviens toi.

Premier Album
Tu deviens toi

Te voilà en studio d'enregistrement, dans ton élément, travaillant avec des gens merveilleux et de talent, comme Yvan Cassar, ce génie de la musique que tu admirais tant.

Quand je revois ces photos, le petit détail dont je me souviens et qui me fait sourire c'est que dès que tu finissais de chanter, tu jetais toujours un petit coup d'œil interrogateur et inquiet vers Yvan, signifiant « Alors, ça va, c'est comment ? »… Tu avais toujours cette peur de décevoir, cette envie de bien faire.

Cela ne t'empêchait pas, bien sûr, de vivre des moments de franche rigolade ! Eh oui, ceux-là il ne faut pas les oublier !

Ça y est, ton premier album est enregistré, et tu en es si fier... Mais qui dit album dit aussi séance photo, avec, au bout, de jolis clichés pour l'illustrer. C'est pourquoi, avec la photographe Frédérique Veysset, tu as joué au mannequin pendant deux jours !

Au-delà de son métier de maquilleuse, Lætitia était toujours aux petits soins pour toi, comme tout le monde d'ailleurs... car tu avais ce petit quelque chose en toi qui faisait que l'on ne pouvait rien te refuser. Moi la première, j'étais la plus heureuse d'être à ton service ! Cela peut paraître étrange mais, par exemple, j'adorais te masser dès que tu le désirais (souvent, donc !) car le simple fait de t'aider à te relaxer, de t'offrir des moments d'apaisement qui t'éloignaient un tant soit peu de tes souffrances, me faisait me sentir utile... J'aimais te voir t'évader. Pendant ces instants, je te faisais du bien et j'apaisais quelque peu mon sentiment d'impuissance.

J'aime cette photo, où tu fais de la buée sur la vitre pour dessiner un cœur, symbole de l'amour... Avec toi, il n'y avait pas de demi-mesure dans les sentiments. Quand tu aimais, c'était à cent pour cent et ta générosité n'avait alors pas de limites. De plus, tu te souciais toujours (oui, je dis bien toujours) de ceux que tu aimais, avant même de penser à toi. Tu nous as donné tant d'amour, frérot...

...TOTHEMOO

C'est au fond de toi que tu puisais toute la force et l'énergie dont tu avais besoin.
L'amour, celui de ton « Petit Ange », celui de notre « carré d'as » et de tous tes proches t'aidait juste à aller puiser cette force en toi.

Là, je te reconnais bien, frérot… toujours prêt à faire le pitre et toujours plein d'imagination pour prendre des poses !

Voilà les photos qui ont servi à la pochette de ton premier single, *Écris l'histoire*. Quand tu as eu la pochette pour la première fois entre les mains, le premier mot qui t'est venu à la bouche, c'est ton fameux « Yeahhh ! ». Ce moment était fort. Il n'y a pas eu que celui-là... il y en a eu tellement... Souviens-toi de la première fois que tu t'es entendu à la radio, par exemple. Quelle émotion et quelle fierté de voir ton travail d'artiste dévoilé au grand jour !

NOT
FOR
SLAV

NOT
FOR

Ce que tu aimais par-dessus tout pour les vacances, c'était les partager avec ta famille et tes amis. Tu souhaitais nous faire plaisir et nous réunir, comme ici à l'île de Ré.

De si belles vacances...

Tu regardes l'horizon et tu te sens bien, tu es apaisé. Tu profites du calme et de la sérénité qu'offre la mer. Oui, loin d'aimer les strass et les paillettes, tu préfères savourer les petits bonheurs de la vie comme la beauté d'un paysage, un bon film, les moments passés avec tes amis, ta famille... Malgré la notoriété, tu as su garder ta simplicité et rester le même.

Le sport ! Tu en étais « accro » ! Tu aimais en faire et tu aimais le regarder à la télé… Le foot, le tennis, le vélo, l'athlétisme… tout t'intéressait.

Ton hymne à l'A

mour

Tu étais en train d'accomplir ton rêve, vivre de ta passion, et cela te rendait heureux... Cependant une chose manquait à ton bonheur : l'amour, le vrai, celui avec un grand A. Celui que tu attendais sans trop y croire... Et moi, en tant que sœur, je rêvais de ce moment où je verrais mon frère amoureux et aimé en retour. Ce jour-là arriva... Karine, ton « Petit Ange », est entrée dans ta vie comme un « rayon de soleil » et c'est alors qu'une belle histoire a commencé entre vous. Vous formiez un si beau couple... J'étais tellement heureuse de voir en toi, frérot, tout l'amour que tu lui portais... Ton bonheur faisait le mien.

Tu manques à ma vie, je t'aime tellement...
Tu resteras à jamais dans mon coeur.

Ton petit ange,

Karine

Fini les vacances ! Il faut se remettre au boulot ! Mais pour toi cela rimait avec passion et bonheur. Alors, direction le Canada pour le tournage du clip de *À corps perdu* dans la joie et la bonne humeur, entouré d'une équipe de choc !

Canada

À corps perdu

Tu n'aimais pas la chaleur, mais le froid canadien... il ne faut peut-être pas exagérer ! ... Alors, vive la couverture et la doudoune !

Olivier Ottin, ton agent et ton ami :

Le Québec, Montréal, le mont Royal... un rêve réalisé ensemble pour 3 jours de tournage insensés... Et tout ça pour TA chanson, celle que tu revendiquais HAUT et FORT !

Quel duo de choc ! Olivier, l'une de tes plus belles rencontres, toujours là pour toi… Que de moments forts partagés avec lui. Tu l'aimais tant. C'était plus qu'un manager, c'était ton ami, ton « poto », comme tu l'appelais.

Une petite pause entre deux prises sous l'œil protecteur d'Olivier, toujours rivé sur toi !

Je me souviens que tu as épaté tout le monde sur cette

BUGGY
19 78
Diesel
RIDER

Dernière scène et "clap" de fin ... et cette lumière incroyable sur toi...
Tu étais fier de ce clip, et moi de toi.
Merci p'tit frère, pour tout, pour toujours et à jamais

Olivier [illegible]

Le tournage du clip terminé, vous en avez profité pour faire une séance de photos *made in Canada* dont voici quelques clichés.

Petit fou! Tu ne tiens pas en place. Toujours en train de gigoter, de faire le clown, c'est tout toi, ça !
Ce qui était exemplaire chez toi, c'est que tu avais cette faculté de mêler le rire et la bonne ambiance au travail bien fait. C'est pour cela que les gens aimaient tant travailler avec toi.

Le trophée NRJ Music Awards

Janvier 2006, tu es nommé Révélation francophone de l'année.
C'est chargé d'émotion que tu reçois cette récompense,
témoin du soutien inconditionnel de tes fans,
et que tu la dédies en particulier à notre douce et tant aimée mamie Simone,
partie un mois auparavant.

midem
music awards

Londres

Même si, le clip...

On peut dire merci une nouvelle fois à ton « poto» Ojo, car c'est grâce à lui que ce projet de duo avec Lucie Silvas a vu le jour...

Lucie Silvas et toi : un beau duo en chanson.
Un jour Olivier t'a fait découvrir l'album de Lucie Silvas.
Dès la première écoute, tu as été conquis par sa voix et sa musique.
Les choses se sont ensuite enchaînées.
Tu as rencontré Lucie Silvas pour la première fois sur le tournage du clip et tout de suite cela a accroché entre vous. Plus qu'un succès ce fut avant tout une très belle et inoubliable rencontre artistique.

Un cœur, encore un ! C'est de l'amour que tu donnes sans cesse...
C'est tellement beau, tellement rare...

France
Belgique
Suisse

Sur cette photo, prise juste quelques jours avant ta tournée en solo, j'ai le sentiment que tu portes à la fois un regard sur le passé, le présent mais aussi sur l'avenir. Après avoir connu des galères, des coups durs, tu es enfin en train de réaliser ton rêve... Tu y es, tu t'apprêtes à vivre le bonheur d'être sur scène devant TON public. Cependant, je ne pense pas me tromper si je dis que tu doutes encore... car tu ne prenais jamais rien pour acquis, tu voulais faire tes preuves et en particulier lors de cette tournée en solo. Cette peur permanente de décevoir faisait grandir en toi le doute et la pression... Une angoisse transformée en une énergie positive, qui te permettait d'aller de l'avant et de progresser.

La tournée d'un artiste

De retour de Londres tu n'as plus qu'une chose en tête, la tournée en solo. C'est alors que commencent les préparatifs les répétitions et la séance photo pour le programme de la tournée.

Il suffit de plonger dans ton regard pour y lire la beauté de ton âme...

Ce sourire, cette joie de vivre communicative pour nous dire de croquer la vie !

Les séances photo étaient pour toi de réels moments de plaisir que tu partageais avec les photographes, ta maquilleuse Lætitia et toutes les autres personnes qui travaillaient autour de toi.

La bonne humeur, le rire étaient toujours au rendez-vous, comme ici où tu t'amuses avec le chapeau en suivant, j'imagine, les directives de Philippe, ton photographe : « Allez, jette le chapeau ! O.K. nickel ! Allez, rattrape-le ! Recommence... nickel ! Pose-le sur ta tête ! de profil... de face... O.K. nickel ! Main sur le chapeau... O.K. super !... ».

J'aime ton petit air coquin ! Il me rappelle toutes les farces que tu étais toujours prêt à faire aux autres...
Ça te faisait bien rire, et tu en étais fier, en plus !

En voyant ton nom sur le fronton de l'Olympia, tu n'en croyais pas tes yeux ! Tu y étais… oui, tu allais monter sur cette scène mythique… Que de chemin parcouru, et si vite… Si, deux ans auparavant, on t'avait dit que tu serais un jour sur cette scène, tu ne l'aurais pas cru… même si tu en RÊVAIS…

Un artiste est né

Ça y est, tu t'es fait tout beau, tu as arrangé chacune de tes mèches, tu t'es parfumé avec ton fameux Kenzo !... Tu es fin prêt pour monter sur scène et aller à la rencontre de ton public.

Bientôt l'entrée sur scène... ça approche... tu te prépares, tu mets tes *ears*... le trac commence à t'envahir de plus belle mais tu te concentres...oui, je devine à ton petit air que tu te mets en condition et que tu te prépares à donner tout ce que tu as en toi à ton public.

Derrière ligne droite avant ton entrée sur scène, tu marches en laissant derrière toi tes faiblesses...

Entrée sur scène : j'ai le sentiment que tu deviens quelqu'un d'autre... que tu deviens toi, car la scène est ta vie, elle lui donne

Là, c'est que du bonheur, tu savoures. Je sens que le stress t'a abandonné. Tu nous offres des sourires, de la joie. On s'évade avec toi comme si nous vivions au rythme de tes émotions... Te voir heureux nous rend heureux. Eh oui ! c'est comme ça, que veux-tu ! Tu nous communiques ton bonheur.

Et puis tu te laisses porter par l'amour de ton public. C'est un réel échange... C'est ça, la magie de la scène !

Dans ton regard se lisent les mots que tu chantes. Au-delà de ta voix, ce sont ta sensibilité et ta lumière qui nous touchent.

The Show must go on. Sur cette chanson tu te surpassais, tu lâchais tout ce que tu avais dans le ventre. Tout était prenant : ta gestuelle, ta voix, la rage de vivre qu'on lisait dans ton regard. Je te sentais invincible... Ce sentiment, je l'ai toujours eu, mais il redoublait d'intensité lorsque tu chantais cette chanson. Pour moi, mon frère était un héros, tu étais MON héros et tu le seras toujours...

« Je t'écris de ce rêve de t'avoir tant aimé, je t'écris ébloui par tant d'humanité. »

Extrait de *Je t'écris* (paroles de Marc Lévy).

Déjà la fin du spectacle... Cette main posée sur ton cœur signifie beaucoup : tu remercies ton public d'être venu pour toi et de te permettre de réaliser ton rêve. Tu donnes et tu reçois chaque concert comme un cadeau.

Quelques mois après cette merveilleuse tournée en solo et pendant la préparation de ton deuxième album, c'est une nouvelle fois avec ton photographe Philippe Warrin que tu as fait cette magnifique séance photo.

Aujourd'hui, ton âme s'est envolée vers cet autre monde dont tu captais les ondes. Plus de souffrance, plus de peur... uniquement de l'amour dans cet au-delà où, je suis sûre, tout est plus beau qu'ici-bas, et où l'on se retrouvera.

REMERCIEMENTS

Je voulais dire un grand merci à Michel Lafon de m'avoir offert l'opportunité de réaliser ce livre sur mon frère, et ainsi d'avoir contribué à l'entrée de nouveaux dons dans l'association Grégory Lemarchal. Plus ces derniers seront nombreux, plus nous avancerons dans le combat, et un jour viendra où « plus jamais la mucoviscidose ne nous arrachera à ceux qu'on aime ».

Je tiens à remercier infiniment Aurèle Cariès, l'éditrice beaux livres, ainsi qu'Isabelle Dupont, directrice artistique et Nadège Duruflé, maquettiste, avec qui j'ai travaillé. Merci pour votre sympathie et merci d'être entrées dans l'histoire de mon frère, vous impliquant ainsi personnellement dans ce projet.

Merci aux photographes Frédérique Veysset, André D., Philippe Warrin et Martin Tremblay pour avoir immortalisé ces moments de vie de Grégory. Un petit clin d'œil tout spécial pour toi, Philippe !

Merci à Nikos d'être là, tout simplement.

Merci à Sipa, et tout particulièrement à Michel Chiche et Edouard.

Merci à Patrick Mahé pour son soutien.

Merci à Ojo. Tu m'as aidé et guidé dans ce projet. Toujours le bon conseil, l'idée lumineuse ! Tu es incroyable !

ASSOCIATION GREGORY LEMARCHAL

Association Grégory Lemarchal BP 90124 73001 Chambéry cedex

CRÉDITS PHOTOGRAPHIQUES

D.R. : pp. 2-11, 13
SIPA/Philippe Warrin : pp. 12,14-29, 52-54, 56-71, 97 106-117, 140-143
SIPA/Philippe Leroux : p. 120 (haut et bas gauche)
Frédérique Weysset : pp.30-51
Martin Tremblay : pp. 72-95
André D. : pp. 98-105, 118-139
Scope/Philippe Blondel : p. 55

Dépôt légal : novembre 2007
ISBN : 978-2-7499-0774-1
LAF : 1043

Achevé d'imprimer en France par Qualibris (JL).

7-13, boulevard Paul-Émile Victor – Île de la Jatte
92521 Neuilly-sur-Seine Cedex

www.michel-lafon.com